Wandere und die Welt ist dein!

Christel Ehl

Wandere und die Welt ist dein!

Poesie für Globetrotter

Bibliografische Information der Deutschen Nationalbibliothek:
Die Deutsche Nationalbibliothek verzeichnet diese Publikation in der Deutschen
Nationalbibliografie; detaillierte bibliografische Daten sind im Internet über
< http://dnb.d-nb.de > abrufbar.

© 2007 Christel Ehl
Satz, Umschlagdesign, Herstellung und Verlag:
Books on Demand GmbH, Norderstedt
ISBN: 978-3-8334-8348-6

Inhalt

Vom Wandern und Schauen

Fällt dir die Decke auf den Kopf,
du fühlst dich wie ein armer Tropf?
Da hilft nur eins: Verlass das Haus,
schnür deine Stiefel schreite aus!
Denn bist du erst in der Natur,
dann denkst du bald: Wie konnt ich nur!

Wie konnt ich sie vergessen,
die Schönheit dieser Welt!
Das merkst du erst bei'm Wandern,
bei'm Ziehn durch Wald und Feld.

Die weißen Wolken gleiten,
der Himmel ist so weit,
es schmilzt zu Nichtigkeiten
dein Kummer mit der Zeit.

Den Berg hinauf auf steingem Pfad,
das rötet uns die Wangen.
Wie wär's doch um die Aussicht schad,
wär die uns hier entgangen.

Da unten liegt ein Tal so schön –
wer hätte das gedacht –
was auf der Karte nur ein Fleck,
entpuppt sich hier als Pracht.

Es ist ganz gleich ob's Frühling ist
mit seinen milden Lüften,
wenn alles sprießt und alles blüht
hervor mit süßen Düften.

Ob's Sommer ist, wenn aus der Glut
des Mittags wir entfliehn
und drunt am Bach – wie tut das gut –
uns Schuh und Strümpf ausziehn.

Siehst du das Licht, das durch die Welt
von Ästen, Zweigen, Blättern fällt? –
Und sahst du's auch schon Jahr um Jahr –
ist es nicht wieder wunderbar?

Das ist die Frist vom bunten Traum,
wenn wieder färbt sich Baum um Baum,
wenn Pilze wachsen, Nüsse fallen,
Beeren ranken, Nebel wallen.
Die Amsel wetzt sich ihren Schnabel:
Wie ist der Herbst doch so spendabel!

Und neigt das Jahr sich seinem Ende,
dann ist noch lang nicht Schluss –
es ist nur eine kurze Wende –
du gehst noch weit zu Fuß.

Ist es da draußen richtig kalt,
gar müde wird der Wandrer bald.
Er führt sich gern in froher Runde
zur Schlussrast noch ein Glas zum Munde,
streckt seine Bein genüsslich aus
und freut sich wieder auf zu Haus.

Die Elbe

Dort wo der *Elbe* Quellen entspringen
hoch auf des *Riesengebirges* Kamm,
wo noch die Wälder von Rübezahl singen,
weiß ich: da wurzelt mein Stamm!

Alle Wasser des *Böhmischen Waldes*
sammelt die *Moldau* bis *Prag,*
um sie später der Elbe zu schenken,
wo der Wein wächst am sonnigen Hag.

Gesellt zur Elbe hinzu sich die *Eger,*
kommt sie schon nah an mein Städtchen heran.(Leitmeritz)
Dann fließt sie nach *Sachsen,* prägt dort eine Landschaft,
wie sie im Märchen nicht schöner sein kann.

Zerklüftete Felsen in blauen Lüften,
Türme und Tore säumen den Lauf,
Sandsteingebirge, schöne Stadt *Dresden,*
setzen dem Flusse die Krone dann auf.

Mulde und *Saale* streben zur Elbe,
die *Schwarze Elster, Havel* und *Spree,*
längst ist die Elbe zum Strome geworden
und ergibt sich bei *Hamburg* der See.

Ein Zitronenfalter

Flattre gelber Schmetterling
schaukle fröhlich fort im Wind
kleiner Frühlingsbote.
Fühlst dich sanft vom Glück getragen,
als sich naht ein schneller Wagen,
reißt dich wirbelnd hin zu Tode.

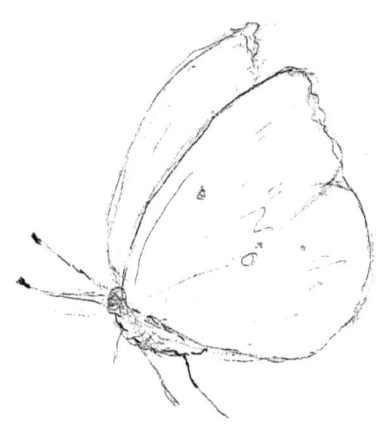

Wir wandern im Bregenzer Wald

Es kommen heut ins Alpenland
zum Wandern nette Leute.
Wir ziehen gern mit ihnen fort
von *Bezau* nach *Bizau* und *Reuthe*.

Vom *Sattel* dann zum *Sonderdach* –
Kuhglocken bimmeln leise –.
So genießen wir den Tag,
ein jeder auf seine Weise.

In *Schönebach* der Wasserfall,
das Gasthaus dort am Wald,
der Rundweg an der *Subersach*,
ein schöner Aufenthalt.

Nach *Feldkirch* geht es mit dem Bus
hinauf zum *Furkapass*.
Die *Mittagspitze* grüßt herab,
das Laufen macht uns Spaß.

Noch blüht am Berg der Eisenhut,
wir pflücken blaue Beeren.
Das Moor trägt feuerrotes Haar
mit semmelblonden Strähnen.

Was zieht uns an, den Berg hinauf?
Wir scheuen keine Last.
Beim Gipfelkreuz der *Kanisfluh*
sind wir zur Mittagsrast.

Wie ist doch dieser Tag so schön,
ein Tag von Gott gemacht.
Zum *Diedamskopfe* ziehn wir hin,
bestaunen diese Pracht.

Nicht jeder Rundweg ist auch rund,
jo mai, so ist dös halt!
Doch wir liebten es sehr,
bergauf und bergab,
zu wandern im *Bregenzer Wald*.

Piemont

Quer durch die Alpen ins *Piemont*,
auf Wanderwegen, warm besonnt.
Es ranken Rosen, wächst der Wein,
soweit ich blick – das Land ist mein!
Aufgereiht auf goldnen Faden:
Turins Piazzas und Arkaden,
der schöne Dom dort in *Milano*
zum stillen *Orta-See* piano.
Paläste, Inseln, *Lago Maggiore*...
La bella Italia, ciao mi amore!

Wandern im Advent

Von grauen Zweigen lösen sich die letzten Blätter,
der Herbst legt ab sein goldenes Gewandt.
Der Raureif schmückt jetzt wieder Zaun und Bretter,
senkt glitzernd Filigrane über's Land.

Die Kinder zählen schon die Nächte im Kalender,
die kleinen Vögel sitzen stumm im Strauch.
Ein Wandrer ist noch unterwegs in den Dezember,
dumpf hallt sein Tritt und zu Kristallen friert sein Hauch.

Er sieht die Perlen einer *Mistel* schimmern
hoch im Geäst vom dürren Apfelbaum,
vom nahen Dorf die ersten Lichter glimmern,
verweilt, betrachtend noch, am Waldessaum.

Der *Illex* steht mit leuchtend-roten Beeren
still zwischen Tannen, schon im weihnachtlichen Kleid.
Oh, wie gemütlich ist es heimzukehren
in warme Stuben zu der Abendzeit.

Die Saar
(von der Quelle bis zur Mündung)

Die Saar

Bist du einmal dort gewesen,
wo aus der Erde wunderbar,
hoch am *Donon* in den *Vogesen,*
mal rot, mal weiß entspringt die Saar?

Sie rinnt aus moosigem Gestein,
und bald zu ihr gesellen,
auf ihrem Weg waldaus, waldein,
sich viele kleine Quellen.

Und so gespeist wird sie zum Bach.
Schon spiegelt sich darin der Himmel,
schon tänzeln Wellen, glitzernd sacht,
schon mehrt am Grunde sich Getümmel.

Aus Nebentälern plätschern flink
Biber, Isch, Albe, Ache;
Da schwimmt sie hin nach *Saargemünd,*
zu ihrem größten Bache.

Als längster Fluss treibt her die Blies
Aus jenem schönen Gaue;
Vom *Schaumberg* bringt sie einen Gruß,
es ist die *Oster*, die blaue.

Schon ganz erwachsen ist die Saar.
Was kann sie noch verrücken?
Schnell nimmt sie *Altwies* und *Simbach* auf
Und passiert die ihre Stadt *Saarbrücken.*

Es gurgelt rechts und sprudelt links,
es fließt und strömt herbei.
Genannt sei *Rossel, Prims* und *Nied,*
das sind noch der größten drei.

Schiffe tragend, voll beladen,
zieht die Saar in grader Spur.
Für Erz und Kohle, uns zum Wohle,
nimmt man sie in die Dressur.

Geduldig lässt sie es geschehn
Und flüchtet sich ins Träumen.
In ihrem Bett kann man sie sehn,
dort unter Apfelbäumen.

Der Waldkamm und die Burg *Montclair,*
gefällig von ihr umwunden
und hinter rosa – schimmernder Wand,
bei der nächsten Biegung entschwunden.

Wo sich der Reihere schwingt vom Nest,
wo sich erhebt die *Cloef,*
wo Vogelfelsen ragen weit,
hat sie ihr schönstes Relief.

Noch einmal wendet sie den Lauf
Und schon im Weiterstreben,
erwachsen ihr hangab, hangauf,
jetzt traubenschwere Reben.

In ihre Bahn ergießen sich
noch Brunnen hier und dort.
Die Saar steigt an und sinkt hinab
Und nimmt sie mit sich fort.

Zu ihnen zählt die schöne *Leuk.*
Hervor aus blühendem Tale,
stürzt sie bei *Saarburg* sich hinab
zu ihr mit einem Male.

Einst schlang die Saar ihr blaues Band
In anmutiger Weise,
um *Ayker Kupp* und *Sonnenberg*;
verkürzt ist nun die Reise.

Schon wird sie schneller, drängt ans Ziel,
hinab nach *Konz* zur Mündung.
Zur *Mosel* treibt sie hin im Spiel,
befreit aus aller Bindung.

Die Wasser fluten, sich vereinend.
Ein Fluss beendet seinen Lauf.
Ergibt sich, wird davongetragen,
verschwendet sich und löst sich auf.

Winterfinale in einem Industrieviertel in Liverpool

Die Stadt ist grau,
noch keine Blätter an den Bäumen.
Kalt bläst der Wind
die Plastiktüten auf das Trottoir.
Ein mieser Tag,
man könnte ihn getrost versäumen,
und sowieso ist nichts
so schön wie es mal war!

Verdrossen zieh ich darum meines Weges,
denk an mein Pech
und was mich so bedrückt.
An mir braust zornig der Verkehr vorüber...
Die rasen heute wieder wie verrückt!

Die nächste Straße
ist genau so schmutzig.
Das ganze Viertel leer und öd.
So bieg ich um die Ecke –
und da stutz ich –
war da nicht ein Gesang?
Bin ich schon blöd?

Und wieder hebt es an,
ein göttlich Stimmchen!
Es scheint mir gar exotisch,
wunderbar!
An diesem Ort?
Wie ist denn so was möglich?
Es zwitschert voller Inbrunst
hell und klar.

Es schert sich nicht um Müll,
nicht um Getöse.
Sitzt in dem kahlen Strauch,
singt voller Lust –
das erste Lied des Frühlings! –
Solch Vertrauen!
lässt mich vergessen allen Frust.

St. Martin

Durch die Provence
so heiter und fraiche,
fahr ich freudig in meiner Kalesche,
vorüber an flatternder Wäsche
und Sankt Martin
am Strand der Ardêche.

Heimweh nach dem Ort meiner Kindheit

Berlin, oh Berlin! Berlin – Potsdam!
Potsdam – Neufahrland! Neufahrland am See!
Wie lang ist es her – wir flohen nach Westen –
mit der Fahrkarte hin, doch heim nur mit Weh.
Das war oft so groß, so nah und so mächtig,
es füllte den Tag und den Traum.
Ich roch selbst die Minze im Schilf und das Wasser
und fühlte die Luft noch im Raum...
Da gab's keine Autos, noch nicht mal ein Fahrrad!
Es gab keinen Lärm und Gestank.
Wir hatten nur uns, den Wald und den Garten,
und vor dem Haus eine Bank.
Die trauernden Weiden, die gibt es noch immer
drunten an unserem See.
Ich war wieder dort, am Ort meiner Kindheit –
jetzt wächst *an der Mauer* der Klee.

Des Frühlings Unrast

Wie hat`s der junge Frühling eilig!
Er stürzt uns gar zu schnell voran.
Kaum sahn wir Krokus und Narzissen,
schon welkt uns fort der Tulipan.

Da blüht der Flieder! Ist es möglich?
Ach liebe Zeit, bleib doch mal stehn!
Wir sehnten uns nach dir unsäglich
und nach dem Duft von Azaleen.

Den Brautstrauß seiner hohen Zeit
lässt achtlos er im Wind verschweben.
Nur weiter will er leichten Sinns,
dem Sommer, Sommer gilt sein Streben.

Und vor ihm, denkt er, liegt das Leben.
Er will´s erfahren, macht nicht halt.
Er ist wie wir, als wir noch glaubten
wir würden tausend Jahre alt.

Die Kanaren

Schwarze Inseln im blauen Meer
von *Guayotas* verlassen. (lavaspeiende Göttin)
Aus ihrem feurigen Schlund kamt ihr her
furchtbar und schön gleichermaßen.

Geschmolzene Erde, wie grad erst verglüht,
auf Terrassen die fruchtbare Krume,
wo unter dunkler Passatwolke blüht
die rötliche Glockenblume.

Im *Barranko*, leuchtend im Sonnenlicht
steht löwenzahnähnlicher *Sanchus*,
Tabeiba und *Drachenbaum* und dicht an dicht
der stachlige *Feigenkaktus*.

Es öffnen sich die grandiosesten Schluchten,
durch die wir trippeln als winzige Zwerge
zu schwarzen Stränden und schäumenden Buchten –
um uns her die bedrohlichsten Berge.

So schaurig-schön ist die Inselwelt
und hat schon verzaubert so manchen.
Die Vielfalt ist es, die uns gefällt
im fernen Land der *Guanchen*.

Fastenwandern

Spricht der eine Freund zum andern:
Wie wär's denn mal mit Fastenwandern?
Sagt der andre zu dem einen:
Der reinste Bußgang will mir scheinen.
Bedenke, es gibt nichts zu essen!
Die Schlussrast kannst du ganz vergessen!
Kein Schlückchen Bier – auch keinen Kaffee –
kein kühler Wein in der Karaffe –
im Rucksack auch kein Butterbrot –
ich glaub, ich wär am Ende tot!

Doch Freund, bedenke den Effekt!
erwidert jener: *Den Respekt,*
den wir dann wieder vor uns hätten,
wenn wir den Bogen um die Stätten
sämtlicher Gelüste schafften,
den Willen fest zusammenrafften,
ganz spielerisch im Wanderkreise,
gesund und fit auf diese Weise,
von allen Schlacken uns befreiten
und neugeboren weiterschreiten!

Na schön, ein bisschen sich kurieren –
den Bauch dabei zu reduzieren –
dagegen wär nicht viel zu sagen –
frisch auf denn zu den Wandertagen!
So finden fröhlich sie sich ein
mit Gleichgesinnten im Verein.
Bereit noch Berge zu versetzen,
zur ersten Mahlzeit sie sich setzen....
Der Fencheltee tut wohl dem Magen!
hört man die Wirtin freundlich sagen.
Und schon wird Brühe vom Gemüse
einer der letzten Hochgenüsse.
Denn wer einmal hat A gesagt,
dem bald das B im Magen nagt.
Der Wanderweg ist zum verlieben,
als *wild-romantisch* uns beschrieben.
Soviel Begeistrung lässt vergessen,
dass es nichts gibt zum Mittagessen.
Die *Abfuhr* ist nun angesagt,
und schon bricht an der *Glauber*-Tag.

Da verbringt auf seine Weise,
der eine laut, der andre leise,
drei Stündchen zwischen Bett und Clo.
Das ist beim Fasten nun mal so!
Oh Gott, worauf ließ ich mich ein?
fällt manchem da sein Vorsatz ein.
Die Knuspersemmel, dort beim Bäcker –
wie wär jetzt Apfeltorte lecker –
ein Schnitzel mit pommes frites – auch ohne –
oder nur ein Stück Melone!
Es wird so richtig ihm bewusst,
was essen doch für eine Lust!
Denn erst am Tage Nummer drei,
wird langsam man von Süchten frei.
Schon hört im Bauch das Grimmen auf,
die Berge nimmt man flott im Lauf,
denn jeder ließ von seinem Specke
bereits zwei Kilo auf der Strecke.

Heut gibt's Karottensaft beim Rasten –
das grenzt schon fast an Schlemmerfasten!
Noch einmal gibt es einen Schlag
am *Generalreinigungstag.*
Das ist nun wirklich nichts zum Schämen
Inzwischen ist man hart im Nehmen.
Zum Lachen gibt es Grund genug –
die Woche geht vorbei im Flug.
Mann ist entschlackt nun und entgiftet –
das Selbstbewusstsein ist geliftet,
die Schwierigkeiten sind vergessen –
jetzt kann man endlich wieder *essen*!
Und so geht man rank und schlank
in das nächste Restaurant –
denn was gibt's schönres auf der Welt,
das Leib und Seel zusammenhält?
Prost! sagt einer zu dem andern
Gesund ist so ein Fasten-Wandern!

Riedlingen an der Donau

Ch. Ehl
Riedlingen / Donau
Zwiefalterstr.

Du, an der Donau kleinste Stadt,
meine größte Liebe!
Ach hätt ich der Leben zwei –
eins davon dir bliebe.

Als mich deine Mauern bargen,
fühlt ich mich daheim,
unter winddurchwehtem Dach
kleines Kämmerlein.

Wo der Blick durch's Fenster
wandert froh hinaus,
über Felder auf den *Bussen*
zu der Eltern Haus.

Warst beschauliche Kulisse
frohgelebter Zeit,
da ich tanzt mit leichten Füßen
fort in Heiterkeit.

Ich schau auf deine Bürger
eifersüchtiglich,
ob dich auch wohl nur einer,
so sehr liebt wie ich.

In der Eifel

Endlich war es doch soweit,
auf, frischauf nach *Manderscheid!*
Unter bunten Regenschirmen
wollten wir die *Eifel* stürmen.

Oberburg und *Niederburg,*
Brockscheid ach,
und wo wir waren,
auf den Wegen zu den *Maaren.*

Ab und zu hört man ein Stöhnen;
denn es regnete in Strömen.
In Bächen kam's herabgeflossen,
der Buchfink, der sang unverdrossen.
Wir waren's auch und zogen weiter,
und siehe da, es wurde heiter.

Den schmalen Steig am hohen Hang,
wo ist ein Pfad wie dieser?
Im frischen Grün ein Laubengang,
und drunten rauscht die *Lieser.*

Romantisch war der Felsenweg
an der *kleinen Kyll.*
Den Graben rauf zum *Mosenberg,*
die Landschaft ein Idyll.

Monschau, Rursee, Tiefenbach,
die Wanderung im *Venn,*
die Eifel ist ein Wanderland,
wie′s schöner ich kaum kenn.

Marokko

Marokko das ist wie ein Traum,
malvenrot und ockerfarben,
schwarze Ziegen im *Arganien*-Baum,
im warmen Steppenwind hellblonde Garben.

Wo die Küste reicht bis zum Horizont,
Frieden und Ruhe und weidende Schafe,
Erd von Erde, golden besonnt –
leis tönt der Tamburin mir noch im Schlafe...

Emilia Romagna und Gardasee

Wir wandern durch Italien,
das schönste Land fürwahr.
Wir suchen *Engadina*
mit ihrem blauen Haar.

Im *Torri* wir lagern zur Mittagsrast.
Dort ist eine Nachtigall unser Gast.
Ins *Trentino* fällt unsre nächste Wahl.
Der *Tenno-See* leuchtet wie blauer Opal.

Ein Bilderbuchweg führt uns auch durch *Canale*.
Dort kehren wir ein und bleiben zum Mahle.
Über *Arco* geht es in's *Sarca- Tal,*
so regenverhangen mit Gäßchen ganz schmal.

Die *Emilia Romagna* ist nur was für Kenner.
Das wusste schon *Dante*, der ging auch nach *Ravenna*,
und die von *Byzanz* und *Theoderich* –
jetzt regnets leider fürchterlich.
Die Kirche Sa*n Vitale* mit Mosaiken so reich!
Wir erschauern vor Ehrfurcht und Kälte zugleich.

Am anderen Tag aber *italienisches Wetter*!
Sirmione, Lazise und alles ist netter.
Die *Scalliger Burgen* mit Schwalbenschwanzzinnen,
die uralten Kirchen von außen und innen.

Und nun ist es herrlich und wirklich *caldo,*
heut´ steigen wir auf den *Monte Baldo.*
Die Gondel trägt uns ein Stück bergan –
auf den Wiesen blüht schon der *Enzian.*

Wolkenfeen tanzen Reigen,
doch je höher wir dann steigen,
leuchtet strahlend uns die Sonne,
und da, die Alpen – welche Wonne –
schauen aus dem Nebel raus!
Hier lagern wir zum Gipfelschmaus.

Kernersche Schmuckblümchen wachsen am Stein,
Windröschen, Bergprimel, alle sind mein !
Anemone und *Almenrausch* blühen so voll
Silberwurz, Seidelbast und gelber Troll.

Eine Wanderwoche am Rhein

Von Ost und West, von Nord und Süd
lockt es uns an den *Rhein.*
Im *Bingerwald*, wenn alles blüht,
da finden wir uns ein.

Mit Wanderlust und Sonnenschein
ziehn wir dem Tag entgegen,
am *Morgenbach* zur *Reichenstein*,
auf frischbegrünten Wegen.

Von vis-a-vis grüßt *Ehrenfels*,
wir gehn den *Pfad der Esel*,
zur *Schönburg* und zur *lieben Frau*,
 hinab nach *Oberwesel.*

Burg Stahleck steht auf hohem Stein
Von unten hört man's brausen,
und morgen finden wir uns ein,
zur Tour nach *Goarshausen.*

Der Rhein strömt kühl an uns vorüber,
wir sehn die *Loreley*,
und *Katz* und *Maus* bald gegenüber,
schon ist die Fahrt vorbei.

In *St. Goar* zur größten Burg,
zieht es uns himmelwärts,
sind siebenhundert Stufen nur,
die nehmen wir im Scherz.

Dort überm Rhein in freier Luft,
und auf den höchsten Höhen,
in gelber Felder schwerem Duft,
wie ist die Welt so schön!

Ein neuer Tag bricht an im Mai.
Wir steigen ausgeruht von *Kaub*
herauf, an *Gutenfels* vorbei,
es singt die Nachtigall im Laub.

Durch's *Sauer-* und durch's *Wispertal*,
den *Rieslingpfad* wir traben,
im Gasthaus an der *kleinen Pfalz*,
am kühlen Wein uns laben.

Der *Katzberg* lädt zum Wandern ein,
noch in der Morgenkühle,
Burg Rheinfels liegt im Sonnenschein,
 der Rhein zieht hin im Spiele.

Am *Spitznack*, wo der Weißdorn blüht,
die Mittagsrast tut wohl,
auf unserm Weg ins *Rheintal* dann
ruft ganz verhalten ein Pirol.

Eine Woche unsres Lebens
haben wir dabei verbracht.
Bacharach und *Drosselgasse*,
alles hat uns Spaß gemacht.

Der Dank gehört den Wanderführern!
Sie sind die besten auf der Welt,
umsichtig, gütig und geduldig,
und waren wie für uns bestellt.

Moldavien

Das Bild, das ich mir davon malt
hat einen Blumengarten,
mit einem blauen Häuschen drin
und Früchten aller Arten.

Da laufen Gänse über'n Weg,
mit gelbem Stroh gesäumt,
barfüßge Kinder hinterdrein,
im Sommer, wie erträumt.

Zur Winterzeit ist's tief verschneit,
vom Berg bis in die Au,
das Wegkreuz und das Brunnendach,
die ganze Welt weiß - blau.

Das schöne Land, wenn ich's vergleich,
fruchtbar wie Garten Eden –
man ist nicht arm, man ist nicht reich,
es läßt sich gut drin leben.

Burg Montclair zwischen den Jahren

Das Jahr zählt seine letzten Tage,
aus schweren Wolken fiel der Schnee.
Der Wind raunt uns die alte Sage,
das Märchen von der weißen Fee.

Die hat auch uns verzaubert
in der Sylvesternacht,
wenn wir zur Burg hin ziehen,
durch ihre kalte Pracht.

Von Eis umhüllt, die Birke neigt
sich unter schwerer Last.
Es funkelt auf im Fackelschein,
wie ein Kristallpalast.

Starr stehen Tannen um uns her
mit angelegten Armen,
so als begleite uns ein Heer
von schweigsamen Gendarmen.

Burg Montclair strahlt im Lichterglanz,
der Festschmaus wird uns munden.
Wir feiern mit Musik und Tanz
des Jahres letzte Stunden.

Schon schlägt die Uhr, schon geht's dahin,
auf Nimmerwiederkehr!
Ein Abschied ist's und Neubeginn,
ein Jubel um uns her.

Ein neues Jahr! Die Glocke schallt,
und zu den Sternen steigen
Raketen auf, es kracht und knallt,
in buntem Feuerreigen.

Prosit, mein Freund und recht viel Glück!
Wird auch die Zeit verrinnen,
doch wie kann man schöner sie,
als mit'nem Kuss beginnen.

In der Toscana

Nun verklingt ganz leise, leise
das letzte Lied, der letzte Gruß.
Schön war die Toscanareise –
wir dösen süß in unserm Bus.

Noch wandern in Gedanken wir
in der *Lucceria*,
in Rosenduft und Majoran
Bon Giorno Cara mia !

Beim Winzer kehren gern wir ein
zu einem Vesperschmaus.
Genüsslich kosten wir den Wein
und ziehen dann hinaus.

Die Marmorberge leuchten weiß,
es blüht die *Asphodele*.
Wie herrlich ist es, ist's auch heiß
und trocken in der Kehle.

So kühl liegt unser Standquartier
in diesem großen Garten.
Dort speisen wir und schlafen gut
zur Nacht nach unsren Fahrten.

Der *Apennin* liegt hinter uns –
wir nähern uns der Grenze.
Es entschwinden *Cinque Terre*,
San Gimiliano, Siena und Ferenze,

die *Piazza di Miracoli,* Zypressen und Oliven...
Im Koffer der *Pinocchio,*
im Herzen die Erinnerung,
die sind uns noch geblieben.

Schönes Sri Lanka

Sri Lanka, lächelndes Land,
aus dunklen Augen strahlst du mich an,
mit weichen Armen empfängt mich die Luft,
Frangipani verströmt den betörendsten Duft,
exotische Früchte in paradiesischer Pracht,
freigiebig verschenkt die Natur ihre Tracht.
Land des *Lotos* und Rubin,
wer kann dem Zauber sich entziehn.

Bahrain, in der Oase

Im Schlafe, noch halb traumverweht
hört ich den *Muezin*,
vom Minarette sein Gebet,
Gelobt sei Gott hallt's hin.

Die Taube gurrt ihr friedlich Lied,
der Morgenwind geht freien.
Auf Dattelpalmen wiegen sich
schwatzend die Papageien.

In meinem Fenster spielerisch
bläht sich die Tüllgardine.
Es weht herein so sommerfrisch
mir diese Sonatine.

Mallorca zur Mandelblüte

Das Flugzeug, dieser weiße Vogel,
trug uns über Wald und Feld,
aus dem regennassen Dunkel
her in eine andre Welt.

Die Mandel sprießt – hast du's gewusst? –
an einem Mandelbaum,
mit rosa Blüten, Zweig an Zweig,
ein duftig zarter Traum.

Wir wandern unter grauen Wolken,
im Tal liegt weit *Soller.*
Den Steig hinauf mit neuen Kräften
und dann hinunter an das Meer.

Ein Wanderweg, so wie gemalt,
urwüchsig und romantisch,
mit Pinien und Olivenhain
und Felsen, ganz gigantisch.

Am hohen Stein ein frisches Lied,
das haben wir gesungen.
Es hat bis auf den Weg hinab
und weit in's Tal geklungen.

Waldemosa, wunderschön –
ein Ort um hinzureisen.
Den Spuren Chopins folgten wir
und lauschten seinen Weisen.

Am letzten Tag, ein Gemsenpfad
hinauf zum *Torre secca;*
doch oben wurden wir belohnt:
das reinste Augen-Mecca!

Zerklüftete Felsen, Buchten, Strand,
Insel im blauen Glast.
Hier siehst du erst, wie schön sie ist,
und wo wir sind zu Gast.

Wir zogen mit der Zeit dahin,
Schafglocken klingen leise,
im Rucksack duftet Rosmarin,
zu ende geht die Reise.

Schwalbensommer

Schneller, als die Schwalbe
flogst du dahin du Sommer,
und wie die launische Liebe
verließest du uns über Nacht,
gerade als wir uns am glücklichsten wähnten.

Zypern

Es wuchs eine Jungfrau aus weißem Gischt,
aus den flutenden Wellen des Meeres,
nah bei der Insel *Kythere.*

Dort stieg die Göttin an Land,
und Götter und Menschen nennen sie
Aphrodite aus *Aphros*, dem Schaume,
entsprossen der Brandung von *Kypros.*

Wir folgen ihrer Spur im Sand
und hören des Meeres Tosen.
Eros, so sagt man, gab ihr das Geleit,
uns süßes Erfreuen und Kosen.

Hongkong

Wolkenkratzer türmen sich
wo einst die Drachen träumten
und der Wind durch das Gehölz
des Sandelbaumes strich.

Wo verbirgt sich der Mond,
wenn die Berge Platz für Menschen
machen müssen?

Keinen einzigen Augenblick
verbleiben die Dinge
in dieser fließenden Welt.

Auf dem Wasser des Perlflusses,
glitzernd wie Gold und Jaspis,
gleiten die behäbigen Dschunken.

Mit Blumen und Fahnen
schmücken die Fischer ihre Boote
zu ehren *Tin-Hau*, ihre Königin.

Brennt ölig die Sommersonne
und Taifune brüllen über das Meer,
dann stelle ich zwei Löwen vor mein Haus,
um die Ungeheuer zu vertreiben.

Beim Laternenfest huldigen wir dem Mondgott,
ein Matrose verliebt sich in ein Sampan-Mädchen,
und ich schaue vom Berge *Tai Ho Shan,*
wo meine Augen umfassen das funkelnde Juwel
mit Billionen Fassetten, Hongkong!

Auf der Insel Rhodos

Wie wurd es *Helios*, dem Gott, so eigen
als er von seiner Bahn am Himmelszelt
die Nympfe *Rodos* sah dem Meer entsteigen
Oh gebt mir diese für den Rest der Welt!

Rief er und hüllte die Geliebte
fortan in Licht und Wärme ein
und weil es ihm noch nicht genügte,
in Duft von Thymian und Salbein.

Schmückt sie mit Myrten und mit Oleander,
schenkt silberne Oliven ihr und goldnen Wein.
Es erfreuen heute noch sich aneinander
die schöne Insel und der Sonnenschein.

Und wir, wir gehn genüsslich hier spazieren,
der Berg Prophet Elias* zieht uns an − * *von Salakos*
ein Paradies zum Wandern und Flanieren −
gern folgen wir dem Weg dort auf dem Kamm.

Wir hörn den Wind in den Aleppo-Kiefern rauschen,
ein ganzer Wald im frühlingshaften Grün.
Wir möchten diesen Tag mit keinen tauschen
und schaun den Wolken nach wie sie nach Norden ziehn.

Unweit des *Atavyros* bis zum Gipfel,
ein Ziegenpfad durch die Frigana führt hinauf,
verstreute Inseln an Europas Zipfel,
wo schroffe, wilde Felsen stehn zuhauf.

Ein Flussbett mit pastellfarbenen Steinen –
die gelben Disteln passen wunderbar ins Bild –
das stachlig-drahtig Buschwerk will uns scheinen,
als bunter Teppich fremdartig und wild.

Den *Elias von Archangelos* erklimmen,
durch Felsenbrocken so gewaltig-groß,
hinunter zur *Charaki*-Bucht zum Schwimmen,
im Meer so himmelblau und makellos.

War es Athene, die sich *Lindos* hat erträumt?
*Der Name schon allein ist Poesie! (*Shakespeare)
Sahst du es nicht? Dann hast du viel versäumt –
das kleine Dorf und jene Burg vergisst du nie.

Zu Fuß erreichten wir die schönsten Plätze,
verborgne Quellen und manch zauberhaften Ort,
vergessne Strände, kleine Kirchen, große Schätze –
wir warn auf *Rhodos*, ja wir waren wirklich dort!

(Natürlich könnt ich Hässliches auch schildern
von den Götzen des Tourismus und von Müll,
von lahmen Hunden, blinden Katzen, die verwildern,
denn alles hat nun mal ′ne Ferse wie Achill.)

Strand von Borneo

Wo die uralten Wälder
von der Unendlichkeit bis an die Ufer wachsen.
Wo zwischen Palmen und *Durianbäumen*
der Hornschnabel ruft.
Wo in der Glut des Tages
der Sirenengesang der Zikaden ertönt.
Wo die *Waldmenschen* spielen, (Orang Utan)
Königskrabben Hochzeit halten
und der weiße Adler kreist.

Küste unter dem Wind,
von weißem Sand
und Sand aus glitzerndem Golde !
Dein jadegrünes Meer
schmückt dich mit bunten Muscheln und Korallen.
Unermesslich sind seine Schätze.
Deine versteckten Buchten liegen träumend in Einsamkeit.
An deine Felsen schlagen die Wogen
unaufhörlich, unendlich, in geduldigem Rhythmus,
seit Ewigkeiten bis in Ewigkeiten.

Du Strand, an den die gefällten Riesen zurückkehren
von den Wellen und dem Heimweh getrieben........

Mein Wegweiser

Geh deinen eigenen kleinen Weg,
hör nicht auf Hot! oder Häh!
Es muss nicht die große Straße sein,
nicht der Boulevard, nicht die Chaussee.
Acht auf die Zeichen, die dir gesetzt,
gib zum Gefühl den Verstand !
Das Glück passiert hier, heute und jetzt,
die großen Wunder sind ganz in der Näh.